LES DROITS ÉCONOMIQUES

NI DÉMOCRATES

NI SOCIALISTES.

A.-B.

CLICHY

IMPRIMERIE DE M. LOIGNON, PAUL DUPONT ET Cie
Rue du Bac-d'Asnières, 12

—

1868

COOPÉRATEURS,

Vous allez être bientôt convoqués pour les élections générales du pays et la nomination de vos représentants au Corps législatif, conseil de surveillance du pouvoir exécutif.

— *Devez-vous voter ou vous abstenir ?*

— *Pour qui devez-vous voter et sur quoi ?*

— *Pour qui vous abstenir et pour quoi ?*

Toutes ces choses vous les ignorez absolument quoiqu'elles soient ce qui vous importe le plus à savoir, quoique d'elles ressortira votre avenir et, décidé dans l'espace de quelques minutes, celui de vos femmes et de vos enfants.

Or, la SCIENCE et la VÉRITÉ vous convient à sortir de votre inconscience !

Ne votez pas ! — C'est votre droit, cependant allez aux élections.

Ne votez pas ! — C'est en votre pouvoir, cependant ne vous annulez pas.

Ne votez pas ! — C'est votre puissance, témoignez donc de votre vitalité.

Pour cela faire ne confondez pas l'abandon avec l'abstention et allez déposer dans l'urne votre volonté d'*une mise en rapport directe avec la puissance souveraine,* sans intermédiaires, sans mandataires et sans interprètes, au moyen de l'énergique et éloquente signification d'un *bulletin blanc.*

Devant cette affirmation d'une volonté commune, le Chef du pouvoir exécutif, privé de la traductrice habituelle des revendications du Peuple, la puissance législative, sera mis en demeure d'interroger *directement* la nation, pour la troisième fois, à moins qu'il n'opte pour passer outre.

Vous savez maintenant pourquoi il vous faut ne pas voter et comment, apprenez ce sur quoi vous avez à vous prononcer.

— La puissance souveraine interroge, que lui répondre?

— Quoi vous manque et s'oppose aux promesses du passé?

— Quoi s'oppose à la réalisation de trois Révolutions traversées?

— Qu'ont obtenu ces trois Révolutions? que signifiaient-elles?

— Une quatrième est-elle d'urgence, de droit, impérieuse et logique?

L'*Homme* va nous indiquer les étapes de la *Société*.

« Vers l'âge de dix-huit ans la créature, par la religion, a conscience d'elle et reconnaît : *son égalité devant la nature spirituelle*. Et comme ce droit naturel-spirituel est extérieur à elle, il a été : Droit divin. »

« Cette éclosion achevée, vers l'âge de vingt-un ans, la créature à l'aide de la royauté, accentue sa personnalité et devient homme pour aussitôt revendiquer : *son égalité devant la nature matérielle*. Et comme ici encore ce droit naturel-matériel est extérieur à elle, il a été : Droit divin. »

« L'homme fait et ayant à agir dans un milieu *social* aux approches de vingt-cinq ans, à l'aide de la Démocratie, il acquerra le titre de citoyen traduit par : *son égalité devant la société spirituelle*. Et comme cette fois ce droit social-spirituel est inhérent à lui, émane de lui multiplié, il est : Droit humain. »

« Créature égale à ses semblables devant l'esprit, homme ayant des droits égaux à ceux de ses pareils devant la matière, citoyen auquel il est reconnu les mêmes pouvoirs que ceux des autres devant la société, tous les degrés sont-ils parcourus ? Non ! — Car ainsi la créature-homme-citoyen est seule, donc incomplète, désintéressée de la production, impuissante à la reproduction. — Aussi, vers la trentième année, lui est-il imposé de s'unir à une autre opposée en sexe, physique, moral et intellectuel, qui sera la femme et lui donnera la famille. Alors elle appellera à son aide la nature spirituelle et matérielle, la société spirituelle et déclarera : *son égalité devant la société matérielle*, afin de s'appuyer sur tout ce que réclame son équilibre normal. Or, ce droit social-matériel est inhérent aussi à l'espèce, se dégage d'elle et pour elle conséquemment, est : DROIT HUMAIN. »

— L'homme ainsi parfait il n'a plus rien à ambitionner ! —

ENFANT,	HOMME,	CITOYEN,	ÉPOUX,

— Il a :

Conscience,	*raison,*	*intelligence,*	*amour !*

— Il réclame ses droits :

Divins,	*naturels,*	*sociaux,*	*humains !*

—ou mieux :

Spirituels,	*temporels,*	*intellectuels,*	*matériels !*

— Qui deviennent :

RELIGIEUX,	CIVILS,	POLITIQUES,	ÉCONOMIQUES !

Or les diverses phases, que traverse la Créature pour atteindre sa perfection, sont parcourues exactement par ce que la réunion d'un nombre plus ou moins grand de ces personnalités a fait dénommer *Société.* Cette collectivité comme l'individu revendique également et impérieusement ses droits : RELIGIEUX. — CIVILS. — POLITIQUES. — ÉCONOMIQUES !

Davantage ! Ce qui a passé inaperçu jusqu'ici c'est que la société n'est mise en branle que lorsque l'individu, prêt à exercer un de ses droits, en réclame la reconnaissance solennelle et qu'il est urgent que plus rien ne s'y oppose.

L'histoire atteste tout cela, voyez en France :

L'an 1089, *toutes les créatures se sentent égales devant la conscience.* — Liberté !

L'an 1789, *tous les hommes sont égaux devant la raison.* — Égalité !

L'an 1848, *tous les citoyens se déclarent égaux devant l'intelligence.* — Fraternité !

L'an 1873, *tous les sexes se diront égaux devant l'amour.* — Humanité !

Ce qui se traduit matériellement par :

Communes, Provinces, Nation, Humanité,
et s'effectue au moyen des Révolutions :
RELIGIEUSE, CIVILE, POLITIQUE, ÉCONOMIQUE.

C'est donc vers la femme que se dirige l'homme en ce moment ; c'est pour posséder réellement une compagne à lui et digne de lui qu'il élabore une quatrième révolution ; c'est à la famille qu'il tend de tous ses efforts : car il n'y a pas nécessité de vous démontrer que les révolutions religieuse, civile, politique, sont faites, et que les droits qu'elles voulaient faire reconnaître vous sont acquis : or, pour prétendre avoir la femme il faut pouvoir la nourrir, Coopérateurs, pour avoir l'ambition de la famille il faut pouvoir l'élever, et c'est ce qui fait que cette juste revendication se traduit socialement :

— *Droits du et au travail, du et au capital,* DROITS ÉCONOMIQUES !

Oh ! ce n'est pas ainsi précisées que les grandes époques vous ont été expliquées ; ce n'est pas dans un classement aussi ri-

goureux qu'elles vous ont été exposées ; ce n'est pas en étudiant le connu pour dégager l'inconnu que vos pasteurs politiques se sont renseignés sur la question et le problème à résoudre : ils vous feraient volontiers recommencer l'histoire en remettant en litige la religion, la liberté, le gouvernement, brouillant toutes les dates, y mêlant les invasions, les émeutes ; surtout et par-dessus tout, ne déduisant pas le progrès obtenu du *fait principal* sorti de chacune des révolutions traversées, appelant économique l'année 1848, politique l'éruption de 1789, civil le mouvement communal qui prit essor vers 1089. Puis alors ne voyant plus rien au delà de cet horizon ils ne tendent qu'à renouveler la commotion de 1848, fallût-il pour cela ensanglanter à nouveau votre pays, car en fait de révolution, ces malheureux politiques, ils ne comprennent que les barricades *démocratiques* et *sociales*.

Mais la science vous affirme par la bouche de la vérité que ce qu'il vous reste à exécuter c'est la révolution *économique* et *sociale*, laquelle scientifique ne peut être que pacifique ; qu'elle n'a d'autre fin que de vous procurer le travail et le capital ; et que son résultat définitif sera pour vous la famille, le foyer, la possession, la propriété ; n'en trouveriez-vous la certitude que dans l'agitation féminine qui parcourt l'ancien et le nouveau monde, comme les discussions dans lesquelles vous admettez vos femmes, vos sœurs, vos filles, concernant leurs capacités et les fonctions qu'elles croient leur être dévolues.

Seulement n'allez pas conclure de l'équivalence de facultés à la parité des fonctions, les sexes s'y opposent comme la loi dite :

Division du travail.

Pensez-vous maintenant avoir encore besoin d'agréés, d'avoués ou d'avocats, pour traduire à votre élu l'expression de votre pensée, lui démontrer les besoins qu'il a mandat de satisfaire, lui réclamer la reconnaissance solennelle de ce qui vous est impérieusement nécessaire, et est impérieusement votre Droit? Non ! sans doute? Après être achevé, vous, étant citoyens, vous voulez vous compléter et pour cela avoir les moyens, donc le travail, le capital, la possession, la propriété, ou ensemble vos Droits économiques; nul ne pourra l'affirmer aussi bien que vous et les lenteurs comme les amendements seront évités.

DÉMOCRATES,

Vous savez actuellement pourquoi vous ne devez pas voter ainsi que sur quoi diriger vos revendications ! Cependant l'habitude d'une humilité énervante, contractée dans le salariat, fera peut-être que cette virile décision vous trouvera au dépourvu. Alors vous faillirez à l'action à un moment si décisif en déléguant vos pouvoirs. — Vous voterez !

Soit ! Abritez votre timidité derrière la hardiesse de *supériorités* dans les lumières, le talent et le génie, desquelles, vous avez plus foi que dans vos propres lumières, votre talent et votre génie. Seulement il subsiste cette interrogation faite par la Science :

À qui accorderez-vous vos suffrages ?

Peu embarrassés vous répondrez : Aux Démocrates !

Pauvres électeurs, tristes Coopérateurs !

Les Démocrates sont la personnification de la Démocratie, n'est-ce pas ? Or, savez-vous ce que c'est que la Démocratie? Non ! Son rôle, sa nature, sa fondation ? Encore non ! Les maîtres ne vous ont rien appris à cet égard, n'en sachant rien. — La Science supplée à cette ignorance :

— La Démocratie est le TROISIÈME *terme* CONSERVATEUR *de la série gouvernementale !* Ne vous étonnez pas et constatez pour comprendre ce mot : CONSERVATEUR.

Le développement particulier à l'*individu* a démontré tout à l'heure le développement imposé à la *Société*, collectivité d'individus, pour arriver à atteindre l'heure où la créature se double, s'équilibre par une autre opposée.

Un instant d'examen sur cette partie opposée à l'homme, la Femme, suffira à dégager l'élément *conservateur* social.

Le Mâle seul n'est rien ! sans énergie, sans but, il est peu convié à la production et n'atteindra jamais le rang d'homme, encore moins la dignité de citoyen. Le Mâle seul ne peut rien ! sans amour, sans épanchement, il n'est pas invité à être reproducteur et d'autant moins à faire acte d'homme, de citoyen. — Ce qu'il faut à cette brute pour l'arracher à l'animalité, mettre en mouvement sa virtualité et en faire le roi de la terre, c'est une opposition qui éveille ses sens et ses désirs, l'emploi de ses facultés, qui à l'état latent sont comme n'existant pas ; — ce qui lui est imposé, c'est de se soumettre à la loi universelle qui veut que l'*un* soit inconscient et qu'il n'est que lorsqu'il se complète physiquement, chimiquement, moralement et intellectuellement, par une autre unité dont les affinités contraires appellent les siennes, les équilibrent, tout en ayant occasionné leur développement et leur activité.

Or, l'unité opposée qui permet à l'homme de se soumettre à la loi du mouvement, de la vie, c'est la Femme. C'est elle qui excite ses facultés latentes et lui donne en échange celles qui la composent. — Ensemble ils sont un tout !

Ce dualisme de composition différente pour l'individu, ici encore se retrouve dans la collectivité dite Société, cela ab-. solument, dans toutes ses aspirations et impressions; de même que les satisfactions à procurer à l'individu ont été reconnues exécutées par la Société ! Seulement il y a degré supérieur.

— L'*élément* MASCULIN procure l'activité, exécute le travail : PRODUCTION !

— L'*élément* FÉMININ oppose la passivité, apporte l'épargne : CONSERVATION !

Une nation, dans sa marche ou son stationnement, est la reproduction exacte de l'élément qui domine à une époque donnée, quoique à l'apparence ce soit toujours l'élément masculin qui commande et dirige. Aussi la Science appliquerait volontiers ce principe en preuve, aux guerres, aux alliances, aux frontières naturelles, aux victoires, aux défaites, aux progrès de l'Europe, à l'engourdissement de l'Asie, etc., mais vous n'êtes pas de loisir, vos moments sont comptés; elle n'en fera donc l'exposition, pour le moment, que sur ce qui représente la collectivité dans son besoin d'ordination, l'État.

Les Peuples, aujourd'hui, comme ceux de l'antiquité qui s'appuyaient sur l'oisiveté et l'esclavage, ne peuvent sans cesse s'occuper de la chose publique. Le travail et sa division nécessaire s'y opposent. — La satisfaction d'organisation sociale est obtenue au moyen d'organes généraux, qui selon l'âge des Peuples en développement ont procuré l'exercice intégral de telle ou telle faculté. — De cette différence de degrés ascensionnels et de moyens employés est découlée une différence de qualifications, qui se résument dans celles-ci composées des deux éléments constatés :

1º Création sociale.... l'*Enfant*.   *Liberté!*... Conservation de la Femme.
2º Éducation sociale.. l'*Homme*.   *Égalité !*.. Action de l'Homme.
3º Instruction sociale . le *Citoyen*. *Fraternité!* Conservation de la Femme.
4º Répartition sociale. l'*Époux*.   *Humanité !* Action de l'Homme.

Gouvernementalement traduites par :

POUVOIRS

EXÉCUTIFS. — LÉGISLATIFS.

ACTION. — CONSERVATION.

Masculins..)	Divins !	(*Papauté.*	*Théocratie..*)	Divins !	(Religieux.
Féminins..)		(*Royauté.*	*Aristocratie.*)		(Civils.
Masculins..)	Humains !	(*Empire.*	*Démocratie.*)	Humains !	(Politiques.
Féminins..)		(..........	............)		(Économique.

Or, si toutes ces déductions sont vraies il manque une unité
double à l'union humaine, celle qui doit procurer la répartition sociale ; car l'union *divine* est complète et consommée.
Mais aussi il éclate que ce ne peut être la Démocratie ; puisqu'il est cherché le 4ᵉ terme de cette proportion et qu'elle
ne fait que compléter le 3ᵉ ; puisqu'elle correspond à l'âge
politique d'une nation ou reconnaissance du titre de citoyen
à ses membres, et qu'il est revendiqué l'époque *économique*
ou moyens d'atteindre la femme, de soutenir la famille,
d'être époux et père ; puisqu'elle n'est qu'une *partie* d'un
tout laquelle donne nécessairement naissance à un *parti*, ce
à quoi s'oppose le progrès comme votre volonté qui doit être
d'absorber tous les partis ; puisqu'enfin elle est à ce point
agonisante qu'elle ne peut même plus faire contre-poids à
l'Empire et que celui-ci s'évaporerait en aventures, s'il ne
surgissait pas un autre élément conservateur succédant à la
Démocratie comme celle-ci a succédé à l'Aristocratie.

— Pensez-vous à la Démocratie maintenant?

— Vous réfugierez-vous encore dans les Démocrates?

Sachez de plus, Coopérateurs, que ce ne fut jamais que

par l'union des Peuples, ou de leurs représentants, avec l'élément actif, ou masculin, de chacun des pouvoirs gouvernementaux ; au détriment de la partie passive, ou féminine, qui menaçait de mort par son inertie et son immobilisme ; que l'Humanité a procédé à l'effectuation de sa marche progressive, comme elle a répercuté la vie et le mouvement.

— L'Aristocratie unie à la Papauté éloigna la Théocratie !

— La Démocratie unie à la Royauté chassa l'Aristocratie !

— . . . . . . unie à l'Empire renversera la Démocratie !

Donc vous, Coopérateurs Français, qui possédez vos droits religieux, civils, politiques, ne ressuscitez pas une morte pour obtenir la reconnaissance de vos droits économiques qu'elle est impuissante à définir. Cependant ne vous jetez pas dans l'excès contraire en la maudissant de son insuffisance, et tout en la laissant reposer dans son tombeau n'insultez pas à sa mémoire ; car elle a arraché à la Royauté les *Droits de l'homme* qu'avait conçus l'Aristocratie, 1793, pour engendrer ensuite et concevoir ces *Droits du citoyen* que vous lui avez arrachés à son tour, 1851, lorsque, par l'Empire, le suffrage universel a été rétabli.

Seulement elle a fini sa tâche et vous laisse en face de l'Empire, seuls, sans intermédiaires, sans représentants. Irez-vous cette fois ?

— Non ! allez à la Démocratie alors pour retrouver la Féodalité !

« En 1848, de la *garantie de travail* à tous les citoyens,
« elle, souveraine, elle est tombée jusqu'à l'*assistance* et les
« *secours !* qu'importe ! Le travail de la Femme, de la mère,
« de la fille, conséquemment la débauche et l'infamie, ne
« seront pas de ce fait supprimés ! qu'importe !

— Ressuscitez la Démocratie pour ressusciter le droit de jambage.

« Le pain de l'intelligence vous fait défaut ainsi qu'à vos
« femmes et à vos enfants ; mais vous ne pouvez et ne vou-
« lez librement l'accepter qu'en échange du produit de votre
« travail ; cependant l'Opposition multiplie ses votes pour
« l'instruction *gratuite* et *obligatoire !* »

— Votez pour les Démocrates afin de recevoir l'aumône
obligatoirement.

« Le droit de grève et de coalition, préparation des Droits
« du travail sur le capital, vous est offert et accordé par
« l'Empire ; aussitôt l'Opposition s'insurge, refuse, recule,
« se révolte ! Elle veut le servage et le prolétariat ! »

— Vive la Démocratie qui vous nie les Droits économiques, au Capital !

« Les accidents et la mort sont réduits à leur plus simple
« conséquence, dans vos travaux, par suite de l'assurance
« générale proposée par le Gouvernement sous la condition
« de votre participation, à vous des hommes et des ouvriers ;
« l'Opposition trouve le temps de larmoyer sur les domes-
« tiques ! »

— Bravo ! la Démocratie qui prend les valets pour des
hommes.

« Un nouveau monde doit surgir de la Coopération et le
« Pouvoir l'aide de tous ses efforts ; l'Opposition s'oppose
« comme c'est son métier ! »

— Alors , hourra pour la Démocratie tombée à être l'ex-
crément d'avocats et de littérateurs, qui pleurent dans
les cimetières. Pour vous, abâtardis des races anciennes,
dégénérés des précédentes générations : malédiction ! —
Impuissants à être fils, vous êtes incapables d'être époux et
père.

SOCIALISTES,

De quel côté vous rejeter actuellement ? puisque vous tenez à voter.

Qui choisir pour vous représenter ? les Démocrates étant expulsés.

Le Passé vous répondra : les Socialistes !

Car c'est bien ainsi que s'intitulait cette fameuse République de 1848 : *démocratique* et *sociale*. Or, le premier terme mis de côté il reste le second.

Pauvres électeurs, tristes Coopérateurs !

Les mêmes questions que la Science vous a adressées tout à l'heure pourraient être reproduites sans plus de résultat, car il n'a pu vous être démontré ce qu'est le socialisme ni où il en est, par des gens qui l'ignoraient.

La Science abrégeant les études vous enseignera :

— *Le Socialisme est la partie* CONSERVATRICE *de la série du Travail !*

Il en est resté au TROISIÈME terme de son évolution : le Communisme !

En voici la démonstration :

1º Création sociale.... l'*Apprenti*.	*Liberté !* .. Conservation de la Femme.
2º Éducation sociale.. l'*Ouvrier*.	*Égalité !* .. Action de l'Homme.
3º Instruction sociale. le *Contre-maître*.	*Fraternité!* Conservation de la Femme.
4º Répartition sociale. le *Maître*.	*Humanité !* Action de l'Homme.

Économiquement traduite de nos jours par :

PUISSANCES

ACTIVES. — PASSIVES.

PRODUCTION. — CONSOMMATION.

Capitalisation .	*Anarchie industrielle.*	*Saint-Simonisme !*	Capital.
Production....	*Féodalité industrielle.*	*Fouriérisme !*	Travail.
Circulation....	*Empire industriel.*	*Communisme !*	Possession.
Consommation	....	....	Propriété.

Vous rencontrez ici encore le dédoublement imposé à tout fonctionnement humain, qui commande la division du travail, au moins le dualisme éternel et opposé. De plus vous êtes amenés à reconnaitre l'absence d'un terme, donc d'un organe ; celui qui doit procurer la répartition sociale de la consommation. Et ce ne peut être le Socialisme jusqu'à ce jour connu ; puisqu'il s'est éteint dans le Communisme qui ne peut dépasser le troisième âge ; puisque celui-ci ne satisfait qu'à la Possession sans savoir répartir la Propriété. Enfin vous donnerez la consécration dernière aux principes posés, en prenant pour unité cette série composée et en l'opposant à celle développée tout à l'heure, pour des deux former un gigantesque tout embrassant la Société.

— L'une alors procurant la partie *subjective*, l'autre la partie *objective*.

L'une *politique* reconnaissant les droits, l'autre *économique* délimitant les devoirs ; ensemble formant une gigantesque équation.

Quant à la qualification sociale elle s'appliquerait volontiers à toutes les deux : la preuve, c'est que le Saint-Simonisme répond exactement à la Théocratie, le Fouriérisme à l'Aristocratie, le Communisme à la Démocratie, et que tous travaillent à satisfaire la Société ; mais les Socialistes ou théoriciens ont surtout porté leurs efforts gouvernementaux sur l'organisation du travail ou Économie *politique.*

Unissez maintenant le Fouriérisme avec l'Anarchie industrielle, ou ébauche de la division du travail, vous arriverez d'autant plus vite aux ébauches de la force collective, ou Féodalité industrielle ; opérez le rapprochement du Communisme et de la Féodalité industrielle, vous atteindrez d'autant plus promptement l'Empire industriel ou unité complète. Reste donc maintenant, Coopérateurs, à vous rallier sincèrement à l'Empire pour dégager le quatrième terme économique. — C'est même chose qu'en politique; vous ne trouvez personne pour vous servir d'intermédiaire, faites donc votre besogne et ne votez pas quand même.

— Optez-vous encore pour le Socialisme?

— Vous réfugierez-vous toujours dans les Socialistes ?

Prenez garde alors de stationner avec eux comme avec les Démocrates !

Prenez garde d'admettre comme certain ce que la Démocratie ne cesse de vous enseigner : *que la Politique est tout en ce moment,* est l'unique préoccupation qui doit absorber les forces vives de la Nation. Car la Vérité serait obligée de vous faire connaître ce qui ne vous a jamais été révélé : *c'est que la Politique a pour unique mandat de dénoncer le Droit obtenu par un progrès fait en Economie et d'en protéger l'exercice.*

Assurez-vous-en !

— Le jour où par le Travail les Peuples se furent affirmés supérieurs aux animaux, l'esclavage fut condamné par la Théocratie. 1089 !

— Sous les Maîtrises et les Jurandes vous vous êtes formés ouvriers, le servage fut alors immolé par l'Aristocratie résignée. 1789 !

— Pendant l'Anarchie industrielle qui suivit, vous avez certifié de votre compétence à diriger, et le prolétariat fut conspué, 1848 !

— Sous la Féodalité industrielle, qui se montrait déjà et qui aujourd'hui en est à son apogée, vous avez appris à reconnaître la puissance de l'ordination, de la coordination, de la FORCE COLLECTIVE, et vous mettez en *pratique* aujourd'hui ces connaissances péniblement acquises. C'est pourquoi vous êtes Coopérateurs. 1868 ! C'est-à-dire : d'apprentis, ouvriers, contre-maîtres, passés maîtres et aptes à ordonner comme à coordonner, capables de régenter le Capital et déterminés à ne plus laisser absorber les magnifiques résultats de la FORCE COLLECTIVE par vos anciens maîtres, ou quelque *individualité* que ce soit.

Donc, si réellement vous vous croyez à la hauteur de ce rôle social, si la Science et l'avenir n'ont pas trop présumé de vous en vous déclarant Capitalistes, faites dénoncer vos DROITS ÉCONOMIQUES par le Pouvoir politique, réclamez-en la protection par l'authentication solennelle faite à la face du monde entier et, déshérités, la possession, la propriété; le capital, le travail ; la femme, la famille ; sont à vous pour la consommation des siècles.

Or, comme jamais Socialistes et Démocrates n'ont su ce que c'était que : possession, propriété, capital, travail, famille, pourquoi exiger d'eux qu'ils en revendiquent l'effectuation à l'Empire ? — Laissez ces vénérables antiquités en repos ! — Les premiers s'y consacrent depuis dix-sept ans qu'ils ont disparu de la scène où se jouent vos destinées, pour se draper dans l'auréole de l'exil ; les seconds peuvent en jouir maintenant qu'ils sont repus par la longue et abondante curée à laquelle ils se sont livrés à vos dépens, depuis cette époque.

Laissez tout ce monde à ses haines et à ses regrets. Marchez !

Il n'y a plus qu'à vous exposer parallèlement en un tableau les deux séries humanitaires qui viennent d'être développées : série politique, série économique ; série subjective, série objective. Mais auparavant apprenez encore deux choses : la première, c'est que tout les progrès atteints ne prouvent leur achèvement qu'en se formulant ; la seconde, c'est que cette formule, qui doit être simple, claire et cependant complète, doit être double ou autrement participer à l'expression égale de l'action masculine, de l'action féminine, qui régissent le monde entier. — Possédant ce criterium en 1848, par exemple, vous auriez reconnu que cette République n'était pas née viable puisqu'elle accouplait deux traductions féminines : démocratique de la série politique, sociale de la série économique ; vous auriez affirmé avec certitude que pour prouver sa parfaite constitution, il aurait fallu qu'elle puisse se formuler : *Politique sociale, Économie sociale* ou simplement *République sociale* : L'ACTION ET LA CONSERVATION.

C'est la loi absolue et l'unique, pour la poésie, les langues, comme pour le Gouvernement et le travail des hommes, etc...

Mais puisque cette République, dans son union unisexuelle, n'a pu se maintenir et encore moins reproduire, voyez si vous n'avez pas en mains l'organe mâle propre à l'œuvre, et si en lui procurant l'organisme féminin vers lequel il fait des avances, dit-on, vous n'atteindrez pas le but envié. — L'Empire représente le premier et tend au Socialisme, le second ; laissez faire, laissez passer, sans être émus des imprécations de la Démocratie qui ne cherche que la satisfaction de l'envie qui la ronge, qui ne veut que l'assouvissement de la rage qui la possède.

Tout cela parce qu'elle a été éliminée, beau malheur ! parce qu'elle voudrait reconquérir le Pouvoir, dût la Société rétrograder, holà !

Seulement que ce Socialisme soit rénové, ait traversé son quatrième âge, qu'il soit informé des nouvelles couches *coopératives*.

Ainsi mis en garde, constatez la certitude et l'opposition des formules qui suivent, tout en enseignant à l'Économie et au Socialisme politiques actuels ce qu'ils sont, ainsi qu'aux Pouvoirs exécutifs et législatifs. En attendant la découverte d'une équation normale :

— *L'Économie politique est l'exploitation de la Société par l'Individu !*

— *Le Socialisme politique est l'exploitation de l'Individu par la Société !*

— *L'Exécutif est la subordination de la Société à l'Individu !*

— *Le Législatif est la subordination de l'Individu à la Société !*

La Politique n'a à s'occuper que de l'Homme et de l'État !

L'Économie ne doit savoir que du travail et du capital, des choses !

Économie sociale.

PUISSANCES				POUVOIRS	
ÉCONOMIQUES. — SOCIALES.				EXÉCUTIFS. — LEGISLATIFS.	
PRODUCTION. — CAPITALISATION.				ACTION. — CONSERVATION	
Anarchie industrielle. St-Simonisme.	Capital.		*Papauté !... Théocratie !*	
Féodalité industrielle. Fouriérisme !.	Travail.		*Royauté !... Aristocratie !*	
Empiro industriel... Communisme !	Possession		*Empire !.... Démocratie !*	
Coopération........ Humanisme !..	Propriété.		*Fédération !. Omnicratie !*	

Voilà les deux assises de l'humanité.

Droits économiques.

Vous devez enfin contempler froidement la laborieuse épuration que les diverses Sociétés ont effectuée sur elles-mêmes ; de même vous êtes suffisamment éclairés pour dégager l'avenir.

Néanmoins vous avez, de droit, encore à insister, car, penseriez-vous, qu'elle est la science qui pourrait certifier et démontrer ce en quoi consistent les Droits du et au travail, du et au capital, ce qu'ils sont et qu'ils sont les seuls ? Cela irréfutablement à l'intelligence la plus exigeante ?

Voyez ! Cherchez ! Imaginez !

Pour l'exercice intégral de tous vos appétits, physiques, moraux, intellectuels et passionnels qui sont vous en votre *entier*, vous, créatures, hommes, citoyens, époux ; pour leur exercice complet jusqu'à la satiété, que faut-il ? deux choses :

— La NATURE et son UTILISATION ! —

La Nature ou tous ses produits, *sa création*, est indépendante de la volonté de l'homme, au-dessus et au dehors de sa puissance ; leur utilisation par toutes les transformations que l'homme peut leur faire subir est seule sous sa puissance, *c'est sa création*, mais également au-dessus et au dehors de celle de la Nature.

Trouvez autre chose que ces deux opérations et que ces deux opérateurs !

— Travail de la Nature ; Travail de la Créature. —

Vous ne trouvez rien ? Après c'est le néant et l'insondable !

Eh bien, si la transformation de la Nature, par toutes les

combinaisons imaginables propres à l'homme, se traduit clairement à l'intelligence par le mot : TRAVAIL, *activité,* pareillement la conséquence de ce travail, le *produit,* fait surgir facilement l'idée de CAPITAL, *passivité;* également, si les mille et mille transformations que la Nature effectue sur elle-même ont, dès l'origine, été dites : TRAVAIL, *enfantement,* pareillement, le résultat de ce travail, la *reproduction,* ne se catégorisent bien dans l'entendement qu'à l'aide de la rubrique : CAPITAL, *matière à reproduction.*

Or, le *travail* de la nature, pour l'homme, ne lui incombe pas, il ne peut qu'aider à l'enfantement par ses soins et une hygiène propre à favoriser la meilleure et la plus prompte délivrance; mais la création achevée, le *produit* du travail de la nature est appréhendé par lui, et ce passage de l'une à l'autre, cette appréhension effective, transforme le *produit* de l'une en *capital* de l'autre. Il en est de même pour l'Humanité : son travail est inexécutable par la nature ; mais, achevée, la création humaine est à la disposition de tous pour, en se transformant sans cesse, passant de mains en mains, être le produit de l'un devenant instantanément le Capital de l'autre, et en dernier résultat revenir à la Nature afin de former le nouveau Capital de son nouveau travail.

Aussi sans l'homme la Nature ne produit pas, elle se corromp ou languit.

Mais de ce que le travail de la Nature, la *forme* qu'elle donne à ses produits, ses produits, sont au-dessus des facultés créatrices de l'Homme quoique lui étant essentiellement nécessaires ; comme de ce que le travail de l'homme, ses produits, la *forme* qu'il donne à ses produits, sont au-dessus des moyens créateurs de la Nature, quoique lui étant indispensables, il ressort qu'un terme particulier doit expliquer cette situation : *avoir besoin d'une chose qu'on ne peut créer ; se servir, avoir en usage un élément qu'on ne peut composer !* Or, ce terme existe :

Possession !

Donc : produit de l'Homme, possession pour la Nature. Capital !
produit de la Nature, possession pour l'Homme. Capital !

Ceci est bien par rapport de l'un à l'autre, mais par rapport à eux-mêmes, cela explique-t-il la nouvelle situation qui résulte de *formes,* de produits, que chacun a seul la puissance de mettre au monde ; comme de la reproduction que chacun a seul la possibilité d'effectuer en et sur lui-même ? cela suffirait-il ? Certainement non ! Car dans cette puissance créatrice et productrice il y a la représentation d'un fait autre qu'une utilité et un usage, d'un fait supérieur au précédent qui oblige de recevoir de l'extérieur une matière ou une *forme* dépassant les limites fixées à chacun. Il faut alors un autre terme, et il existe :

Propriété !

Donc : produit de l'Homme, propriété pour l'Homme. Travail !
produit de la Nature, propriété pour la Nature. Travail !

Et ainsi que le Produit ou propriété de cette dernière appréhendé par le premier devient sa possession, sa matière à travail, son capital ; ainsi, la transformation et transposition se répétant à l'infini dans l'Humanité, le Produit ou propriété d'un travailleur devient la possession, la matière ou capital de celui qui le reçoit, qui l'achète ; d'où cette proposition double :

La Propriété *de chacun est de droit la* Possession *de tous, un Capital !*

La Possession *de tous est de droit la* Propriété *dé chacun, par le Travail !* puis celle-ci :

La Possession *est l'élément* NATUREL *qui se trouve en chaque produit !*

La Propriété *est la forme donnée par l'homme à l'élément* NATUREL ! et encore :

La Forme *est le seul résultat possible au travail, c'est toute la* Propriété !

La Forme, *dans chaque produit, a seule une valeur à* l'échange ! et enfin :

La Valeur *naturelle n'est pas appréciable à l'homme, est nulle !*

La Valeur *naturelle, non produite par le travail, est sans estimation !*

Ces deux pages sont les plus ardues de ce programme, mais sont les plus importantes ; — considérez, Coopérateurs, l'effrayant problème qu'elles viennent résoudre en un si court espace, là où des millions de volumes n'ont pas suffi.

Soixante siècles traversés par diverses Sociétés vous ont enseigné que la Propriété était le commencement, la fin et le moyen de la créature pour être homme, devenir citoyen, fonder la famille, et c'est vrai ! Vingt années écoulées au milieu d'une polémique acharnée et irréfutable vous ont attesté que la Propriété était le *Vol,* et c'est vrai ! D'où vous vous trouvez fatalement immobilisés entre deux affirmations certaines et contradictoires à l'égard de ce que l'Humanité prise le plus, à l'égard de ce dont elle ne peut se dispenser, et cependant qui la ronge, la jugule, l'exténue ; cela au bénéfice de la Possession d'une part, à son exclusion de l'autre. Comment résoudre en quelque mots et sortir de là ?

Par l'admission des deux situations opposées, non l'exclusion de l'une ou de l'autre ; et la compréhension dualiste, que vous devez avoir acquise maintenant au sujet de tout ce qui a vie en ce monde, vous rend facile cette admission, si même elle ne vous a pas excité à la préjuger.

Il faut une base à l'Humanité, comme une matière à l'Esprit, comme un objet au Sujet, comme la femme à l'Homme, comme une passivité à l'Activité, comme une conservation à l'Action ! — La Nature procure le premier, les premières, le Capital ; le Travail satisfait aux seconds, aux secondes ; — et dans l'acte d'appropriation nécessaire au travail d'une part pour s'exercer, à l'individu de l'autre pour s'affirmer au milieu de ses semblables, il y a la traduction de la situation double :

Possession ! Propriété !

« Tout ce que la Nature produit est *Possession* pour
« l'homme ; tout ce que l'homme crée est pour lui *Pro-*
« *priété*. — La *Propriété*, ou domaine absolu, transportée
« sur les produits de la Nature est un Vol ; la *Possession*
« simplement octroyée au travail est insuffisante, ne satis-
« fait pas le cœur de l'homme, sa personnalité. »

Voilà la Science qui vous démontre ce que sont les Droits économiques, et vous pouvez répondre à toute interrogation. La certitude, la limite, existent.

Droits économiques.

CAPITAL-TRAVAIL ! POSSESSION-PROPRIÉTÉ !

Quatrième Révolution à faire reconnaître par la Société, proclamer par le Pouvoir.

Révolution économique.

PRATIQUE.

La paix du monde réclame une Révolution dans la compréhension du rapport des produits de la Nature avec l'Homme et dans la répartition des produits du travail de ce roi du monde avec ses semblables. En autres termes, la nécessité de conservation qui a poussé l'Humanité à proclamer, il y a dix-huit siècles :

— *L'égalité de la créature devant Dieu* ;

Il y a 79 ans. — *L'égalité de l'homme devant la Loi* ;

Il y a 20 ans. — *L'égalité du citoyen devant la Société* lui impose de déclarer aujourd'hui :

— *L'égalité du travailleur devant l'Humanité*, la Possession, la Propriété, le Capital.

Chaque solennelle déclaration, qui a imposé un grand effort social, s'est appelée Révolution. C'est la même qui atteint un degré supérieur et qui, partie naturelle, s'est faite légale, puis sociale et enfin veut devenir humaine.

Pour atteindre ce dernier perfectionnement, il faut qu'une des Sociétés qui composent l'Humanité conçoive l'idée sociale et la mette en pratique, comme pour cette Société il faut qu'une des individualités qui en font partie donne primitivement corps à ces idées, l'affirme, la développe et la démontre complète et sociale.

L'Idée, elle vient d'être développée dans ces pages ; l'individualité, que ce soit vous, Coopérateurs, pris collectivement ; la Société Christ, que ce soit encore la France, puisqu'elle a été, jusqu'à présent, le porte-étendard du genre humain. Mais pour être à la hauteur de cette sublime mission, Révolutionnaires, il faut des hommes que n'embarrasse pas le formalisme, il faut des hommes capables d'énergiques résolutions et *nouveaux*, faisant leurs affaires eux-mêmes, et qui, face à face avec l'Élu du 2 décembre, puissent lui dire :

« Homme d'action, nous vous valons, voici ce que nous voulons, nous comptons sur vous, comptez sur nous. C'est pour agir plus efficacement et plus rapidement que nous n'avons pas voulu d'intermédiaires entre vous et nous ; les seuls éléments laissés par le passé, les Démocrates et les Socialistes, n'entendant rien à la résolution du problème social. Ce qui nous manque, à nous travailleurs, c'est la reconnaissance publique de nos droits économiques, et nous venons vous la demander. Car, ainsi que l'enfant n'est chrétien que par le baptême, homme que par l'acte civil, citoyen qu'après la satisfaction civique, tirage au sort ; il faut qu'il n'ait droit au Capital que consacré par le mariage : pareillement tout cela ne peut avoir sa solennelle authentication que lorsque la Société l'a frappé de son sceau, c'est ce qu'elle a exécuté trois fois déjà et qu'on vous réclame, Sire, pour la quatrième. »

Cette légitimation sociale effectuée voici ce qu'il en découlerait :

La Nature entière affirmée *Possession* de l'homme, la *Propriété* n'a plus de place ; la Matière, pas plus que l'air et l'eau, n'a de valeur à l'échange ; le droit d'aubaine, fermage et loyer, que le propriétaire prélevait contre la gracieuseté qu'il avait de laisser en possession momentanée sa propriété, disparaît pour n'être plus qu'un remboursement par annuités du travail incorporé dans la possession ; le Capital dédaignant le partie naturelle qui le compose, ne faisant ressortir que la partie humaine qui l'a achevé, soit le *travail collectif*, ne revendiquera plus un droit de seigneur ou intérêt perpétuel pour, son remboursement effectué à l'aide d'annuités, abandonner au *travail collectif* les dividendes et bénéfices qui en sont la conséquence, créés par lui.

Alors les entraves auront disparu !

En effet, la Nature physique ou métaphysique étant reconnue hors de la puissance créatrice de l'Homme n'a plus à être accaparée par l'un ou l'autre avec privilége ; les éléments qu'on y trouve, or, fer, pierre, etc., n'ont plus qu'une valeur sociale, soit celle que leur donne le temps consacré à leur mise en état à l'usage de l'homme, augmenté des frais qu'ils ont nécessités, sans l'estimation d'un centime pour la sublimité, la rareté, la solidité qui les distinguent. Le fermage et le loyer cessent de fonctionner, la suprématie propriétaire étant niée, et ne sont plus que les remboursements annuels de travaux exécutés annuellement. Le Capital ne prétendant plus qu'à sa partie humaine, le droit de circulation qu'il faisait imposer d'un péage s'évanouit, ne laissant de place qu'à la partie collective, qui est son élément de composition annuelle.

Voici des conséquences trop peu approfondies qui font bondir Démocrates et Socialistes à l'égal des Aristocrates et des Féodalistes, Capitalistes ; cependant cela sera parce que c'est écrit, que nulle puissance humaine ne peut s'y opposer, et que vous, Coopérateurs, avez toutes ces questions à l'étude dans vos diverses Sociétés.

N'est-ce pas absurde que cette terre donnée au genre humain par le Créateur, qui n'en réclame que l'entretien, soit payée à des intendants qui en gardent le prix et le revendiquent toujours, toujours ; qu'une matière ait plus de valeur à l'échange parce qu'elle se trouve être d'or et non de bois, le travail incorporé étant le même, les frais les mêmes ; qu'un produit soit surenchéri ou déprécié parce qu'il se trouve rare ou abondant, conséquences du désordre de la production, de la circulation, de la consommation; que ce qui est à tous en usage puisse être dit à moi par quelques-uns, même sans usage ; qu'un don naturel, la voix, par exemple, soit estimée en argent mille fois ce qu'elle coûte à être perfectionnée et entretenue ; que le génie procure à son possesseur, en plus de l'admiration légitime des hommes, vingt, cent parts égales à celles de ses semblables, alors que la *forme* seule donnée à ses œuvres est humaine, le résultat de son travail et l'élément appréciable par le temps et les dépenses ?

Tout cela est aussi absurde que d'employer comme *signe* d'échange une matière rare, facile à accaparer, coûteuse à rendre propre à son usage, l'or, tandis que, son nom l'indique, *signe*, le moindre chiffon de papier recouvert du cachet social le remplacerait supérieurement et avantageusement ; mais ce ne l'est pas plus que de voir un produit du travail, devenu propriété légitime du producteur, acquérir une qualité de plus que les autres parce qu'il a été *immobilisé* et transformé en capital. Sa nature ne change pas, sa position seule ou l'emploi qu'on veut en faire change ! En place d'être appliqué à une consommation instantanée, ce produit est destiné à une consommation successive et, par ce fait, des loyers, des intérêts ou remboursements perpétuels sont exigés ! Vingt années auraient suffi à son amortissement au taux de 5 0/0 et, en place de cela, il est reconnu juste et social d'avoir des classes de capitalistes, de rentiers, de propriétaires, de fainéants, dont tous, Coopérateurs, vous voudriez faire partie, pour que le plus pur du travail, bénéfices, dividendes, soit absorbé par elles et ne

laisse plus en dessous que des salariés, des prolétaires !
Allons donc ! folie ! aberration ! *Je ne le veux pas !!!*

Votre institution s'y oppose et le but principal qu'elle s'est
proposée le défend. En effet, que cherchez-vous première-
ment ? c'est que les bénéfices et dividendes qui étaient de
droit à vos anciens maîtres et patrons retournent à ceux qui
les ont produits, c'est-à-dire à vous ? Eh bien, cette revendication juste, faite par vous isolément, il va falloir qu'elle
s'étende à l'humanité entière et en attendant au Peuple
français ; vous en avez le moyen par les élections ; cela sans
contrat, sans convention particulière subordonnée à la fan-
taisie, par le fait même du travail et la coopération effective
que tout travailleur apporte dans chaque atelier, magasin,
bureau ; pour chaque commerce, industrie, fabrication.

Un salaire inégal et proportionné à l'œuvre, bien ; mais
le produit de la *collectivité*, de la *force collective*, se tradui-
sant annuellement par le bénéfice et les dividendes, appar-
tient à *tous* et en parts *égales*.

En conséquence de tout ce qui précède, invitation est
faite à l'Empire de prendre en main la cause du Peuple et
d'exécuter la Révolution économique, pour asseoir définiti-
vement la Société sur ses bases normales ; cela au moyen
d'une reconnaissance solennelle des droits humains, faite
par les trois plébiscites suivants :

Premier Décret.

« *Nous, Empereur des Français, par la volonté natio-*
« *nale, voulant accomplir la mission qui nous a été donnée*
« *il y a vingt ans et, pour ce faire, déterminé à engager la*
« *Société dans la voie de justice et d'égalité qui sera le cou-*
« *ronnement de l'édifice social, décrétons : Du jour de la*

« promulgation du présent tous les citoyens français au-
« ront un droit absolu de Propriété sur le produit de leur
« travail ; un droit limité de Possession sur ce que la Na-
« ture livre gratuitement à l'homme, en tant qu'ils occupe-
« ront et utiliseront par et pour leur travail. »

Deuxième Décret.

« Nous, arbitre suprême, décrétons : Du jour de la pro-
« mulgation du présent, chaque travailleur aura un droit
« ÉGAL de Possession sur les produits du travail de tous
« ceux qui auront coopéré à la même œuvre, produit col-
« lectif dénommé dividende ou bénéfice net ; un droit INÉ-
« GAL mais absolu de Propriété sur le produit de son tra-
« vail respectif, proportionnellement à ce travail, à charge
« de désintéresser les capitalistes et les propriétaires qui
« auront fourni crédit de leur capital et propriété par
« une annuité de 5 0/0 pendant vingt ans. »

Troisième Décret.

« Afin de préparer la mise en œuvre des précédents,
« comme dégagement du passé et engagement de l'avenir,
« une LIQUIDATION sociale sera effectuée dans le plus
« bref délai, pour chacun y retrouver son légitime, et dont
« les bases fixées dès ce jour consistent : en l'abolition des
« métaux or et argent comme signe d'échange, pour le
« billet de banque les remplacer ; en l'établissement d'une
« banque d'échange avec toutes ses succursales ; en la né-
« gation de la productivité fictive et mensongère des capi-

« *taux, par l'application de leurs intérêts, loyers, fer-*
« *mages, à leur remboursement annuel.* »

Complément.

Enfin vos droits sont universellement reconnus, que
vous reste-t-il à fixer ? — la perpétuité et liberté de leur
manifestation ! Comment se manifestent-ils ? — Par la pensée, la parole, l'action !

« Publiquement : la pensée ; c'est la Presse, la parole, ce
sont les Réunions ; l'action, c'est le Suffrage universel. »

« En principe, ces Droits s'exercent perpétuellement et librement ; en fait, leur liberté est subordonnée à la nécessité
de manifestation. »

Quand ces droits économiques et politiques réclament-ils
leur triple manifestation ? Ceux économiques toujours, puisque le travail et votre participation effective sont toujours
en permanence ; ceux politiques momentanément, puisque
leur exercice est momentané et que vous avez des mandataires pour suppléer à votre absence.

« Donc la Presse *politique*, les Réunions *politiques*, les
Élections *politiques* doivent exister et fonctionner momentanément, quoique en toute liberté, en toute immunité de con-
trôle ; pour être supprimées totalement; la nécessité des
droits qu'elles satisfont n'ayant plus à se manifester. »

Un journal, *le Moniteur ;* une réunion, le Corps législatif ;
un vote, celui des députés ; suffisent à la satisfaction du Droit
politique, qui ne peut être accepté troublant le travail à

chaque instant, agitant les masses et mettant sans relâche le Pouvoir en état de siége.

« Donc la Presse, les Réunions, les Élections *économiques* doivent être en aussi perpétuel exercice qu'en complète liberté, le travail et ces indispensables manifestations exigeant sans relâche des manifestations.

En conséquence vous avez encore à faire décréter :

PRESSE. — *Liberté absolue de la presse économique; abolition de la presse politique !*

Liberté absolue de la presse politique pendant la période électorale !

Suppression des timbres et cautionnements !

———

RÉUNIONS. — *Liberté absolue des Réunions économiques, abolition des Réunions politiques !*

Liberté absolue des Réunions politiques pendant la période électorale !

Suppression des réglementations pour l'établissement des bureaux !

———

ÉLECTIONS. — *Liberté absolue et permanente des votes économiques !*

Liberté absolue mais momentanée des votes politiques !

Suppression des candidatures officielles, des candidatures de l'OPPOSITION !

———

A cette dernière réglementation la Démocratie en masse va surgir et s'indigner, malheur à l'audacieux ! Cependant concevez-vous quelque chose de plus stupide qu'une presse sans mandat, que des réunions sans but, qu'une candidature d'opposition ?

Opposition à quoi? puisqu'à l'heure des élections rien n'est encore soumis à la législation ? Opposition au Gouvernement ? mais cela est simplement de l'infamie et de l'ignorance. De l'infamie, puisque l'Empire est le Gouvernement acclamé par le Peuple en 1852, de l'infamie puisque tous ces démocrates députés ont préalablement prêté serment à l'Empire. De l'ignorance? écoutez :

« L'Aristocratie avait informé la nation française de la valeur et de la nécessité des droits civils tout en voulant les conserver en privilége, lorsque 1789 arriva. La démocratie vint continuer l'œuvre de sa mère épuisée en généralisant l'idée et en lui arrachant les *Droits de l'homme* qu'elle imposa à la Royauté. Cela au moyen d'un contrat dit Constitution.

« Après *trois* années de minauderie par laquelle la Démocratie avait espéré susciter l'élément mâle qui devait lui servir de compagnon, elle dut sacrifier son royal fiancé, 1793 janvier, et chercher un époux légitime qui voulût bien adopter l'enfant de la Royauté et de l'Aristocratie.

« Abandonnée seule et jeune, la tête lui fit défaut ; affolée, elle voulut paraitre forte et se plongea dans la Terreur, juin 1793.

« Le Directoire, 1795, devint son protecteur pour la sauver des folles équipées de la jeunesse et, inquiet, la jeta dans les bras de l'Empire, afin qu'il légitimât le nouveau-né, *les Droits civils ou de l'homme*, par sa reconnaissance et sa déclaration civile, le Code, 1804 : alors elle se maria et abandonna l'exécutif après avoir été fécondée à son tour des *Droits du citoyen ou électoraux*.

« L'Empire meurt, 1815. La Démocratie se laisse courtiser à nouveau par la Royauté, et, s'apercevant que celui qui la représentait était de même souche que son premier fiancé, elle le délaisse pour courir vers une autre branche, 1830, ne rencontre pas digne d'elle, met au monde le *Droit électroal*, 1848, qu'elle veut inutilement faire adopter par les d'Orléans, le propose à la Régence, le garde seule pendant *trois* années après l'avoir à moitié étouffé un 31 mai, et enfin ne trouve le repos de la vieillesse que dans un second Empire, comme elle ne permet à son enfant de se développer complétement, sous le nom de Suffrage universel ou *Droit civique*, que lorsque l'Empire le lui a arraché des mains, 1851, pour lui procurer tout son développement ! »

Démocratie, qui fis une seconde Terreur en juin 1848, sois donc modeste !

Objet de l'impôt.

« Tout être doit vivre de ce qu'il crée ! Or, l'État créant la *circulation*, il ne doit subsister que par un prélèvement sur la *circulation*. Nul impôt sur autre chose !

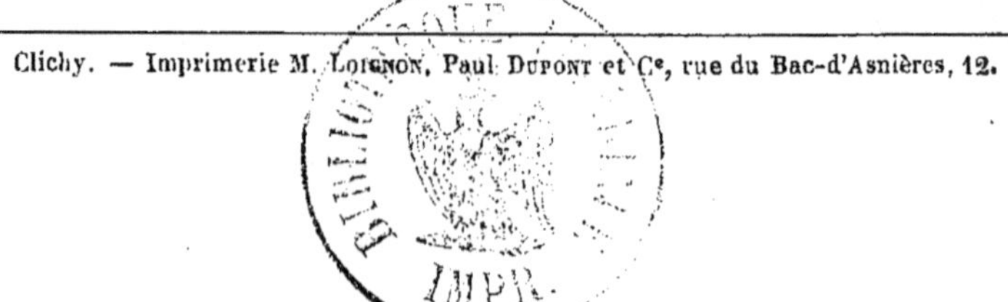

Clichy. — Imprimerie M. Loignon, Paul Dupont et Cᵉ, rue du Bac-d'Asnières, 12.